Till Eulenspiegel

Neu erzählt von Manfred Mai
Mit Bildern von Petra Dorkenwald

Hase und Igel®

Für Lehrkräfte gibt es zu diesem Buch
ausführliches Begleitmaterial beim Hase und Igel Verlag.

Sonderausgabe mit Silbenhilfe

© 2007/2017 Hase und Igel Verlag GmbH, München
www.hase-und-igel.de
Lektorat: Birgit Kaltenegger
Druck: Grafisches Centrum Cuno GmbH & Co. KG

ISBN 978-3-86760-246-4
1. Auflage 2017

Inhalt

Vorbemerkung

Zu allen Zeiten gab es Menschen, die anderen gern Streiche gespielt und sie an der Nase herumgeführt haben. Einer der berühmtesten von ihnen ist Till Eulenspiegel.

Bis heute streiten sich die Gelehrten darüber, ob er wirklich gelebt hat. Manche behaupten, ein Dichter habe Till Eulenspiegel erfunden und sich die Streiche ausgedacht.

Doch wer kann das nach 700 Jahren noch sagen? Und ist das denn so wichtig?

Ob erlebt oder erfunden, die Geschichten über Till Eulenspiegel erfreuen seit Jahrhunderten viele Kinder – und das ist doch die Hauptsache.

1. Dreimal hält besser

Till Eulenspiegel wurde um das Jahr 1300 in Kneitlingen geboren, einem kleinen Dorf im Sachsenland. Seine Eltern waren einfache Bauern und hatten nicht viel Geld. Trotzdem wollten sie zur Taufe ihres Sohnes ein schönes Fest veranstalten.

Weil Kneitlingen keine Kirche hatte, musste der Junge im benachbarten Ampleben getauft werden.

Der Gottesdienst dort war sehr feierlich – bis Pastor Pfaffenmeier den kleinen Till mit kaltem Weihwasser taufte. Das gefiel dem ganz und gar nicht und er brüllte so laut,

dass der Pastor schon fürchtete, die teuren
Fensterscheiben könnten zerspringen. Schnell
tupfte die Taufpatin Till das Wasser vom Kopf
und beruhigte den Winzling, der vom Brüllen
ein krebsrotes Gesicht hatte.

Nach der Kirche lud Tills Vater die Festgesell-
schaft ins Wirtshaus ein. Weil es Freibier gab,
tranken alle kräftig auf das Wohl des Kindes.

Als sie am späten Nachmittag aufbrachen,
waren viele ziemlich beschwipst. Deswegen
bemerkten sie erst nach einer Weile, dass sie
den kleinen Till vergessen hatten.

„O Gott,
o Gott!", rief
die Patin und
lief zurück ins
Wirtshaus. Dort
fand sie Till auf einer
Bank, wie sie ihn
hingelegt hatte.
Sie drückte ihn
an sich und war
sehr erleichtert.

Mit Till im Arm
eilte die Patin den
anderen hinterher.
Unterwegs musste sie
über einen schmalen Steg,
der über einen Bach zwischen Ampleben und
Kneitlingen führte. Weil ihre Schritte vom Bier
noch unsicher waren, rutschte sie aus und fiel
mit Till ins Wasser. Der kleine Junge schnappte
nach Luft und schrie dann noch lauter als in der
Kirche. Tills Vater schimpfte die Patin, weil sein
Sohn wegen ihrer Schusseligkeit beinahe im
Bach ertrunken wäre.

Das war also Tills zweite Taufe, diesmal mit
schmutzigem Bachwasser.

Zu Hause goss Tills Mutter warmes Wasser in die Badewanne und setzte den kleinen Jungen hinein. Dann wusch sie ihn vom Kopf bis zu den Zehen. Obwohl das warme Badewasser viel angenehmer war als das kalte Weihwasser und das schmutzige Bachwasser, schrie Till wieder, als hinge er am Spieß. Doch seine Mutter nahm ihn erst aus der Wanne, als er wie neugeboren aussah.

Das war sozusagen seine dritte Taufe.

2. Der Seiltänzer

Till wuchs heran und wurde ein richtiger Lause-
junge. Er spielte den Kneitlingern immer wieder
Streiche. Darüber ärgerten sie sich und be-
schwerten sich bei seinen Eltern. Doch der
Junge behauptete stets, er sei unschuldig.
Manchmal glaubten ihm seine
Eltern, manchmal nicht. Dann
schimpfte der Vater Till und
versohlte ihm den Hintern.
Das wiederum ärgerte Till
und er spielte den Kneitlingern
weitere Streiche.
   Eines Tages verließ
Familie Eulenspiegel
den kleinen Ort und
zog in das Heimatdorf
der Mutter. Es lag im magdeburgischen Land an
dem Fluss Saale. Dort wurde der Vater sehr
krank und starb. Die Mutter lebte mit ihrem Sohn
von dem ersparten Geld, doch das war bald auf-
gebraucht.

Inzwischen war Till schon
16 Jahre alt und sollte
endlich einen Beruf erlernen:
Schuster, Schreiner, Schneider,
Bäcker, Müller oder Schmied.
Aber kein Beruf gefiel ihm.
Er wollte lieber Artist werden.
Dafür übte er heimlich auf dem
Dachboden des Hauses Kunst-
stücke. Dort versuchte er auch,
auf einem Seil zu gehen. Als er schon recht gut
seiltanzen konnte, spannte er eines Tages
ein langes Seil über die Saale. Unten standen
ein paar Nachbarn und sperrten Mund und
Augen auf, als Till auf dem Seil lief. Immer mehr
Leute kamen zusammen und starrten gebannt
nach oben. So etwas hatten sie noch nicht
gesehen.

Tills Mutter wollte nicht, dass ihr Sohn solche
Sachen machte. Sie eilte auf den Dachboden,
nahm kurzerhand ein Messer und schnitt das
Seil durch. Till fuchtelte mit Armen und Beinen,
fand keinen Halt und fiel in den Fluss.

„Übermut tut selten gut!", rief ihm ein Mann zu.

„Wer hoch steigt, wird tief fallen!", spottete eine Frau.

Die Leute lachten und freuten sich über Tills Missgeschick.

Der schwamm ans Ufer und dachte: „Erst habt ihr wie die Ochsen gestaunt, dass ich auf dem Seil tanzen kann. Dann habt ihr dumme Sprüche gemacht und schadenfroh gelacht. Euch werde ich's zeigen!"

Gleich am nächsten Tag spannte er das Seil zwischen zwei anderen Häusern. Wieder kamen viele Leute, um die Vorführung zu sehen.

„Heute zeige ich euch ein ganz besonderes Kunststück!", rief Till. „Dazu muss mir aber jeder seinen linken Schuh geben."

„Dem gebe ich meinen Schuh sicher nicht", sagte eine Frau. „Der macht bestimmt nichts Gescheites damit."

Auch ein paar andere trauten Till nicht. Doch die meisten wollten das besondere Kunststück sehen und zogen ihren linken Schuh aus. Es ergab genau 120 Schuhe. Die Hälfte davon band Till an eine Schnur und stieg mit dem Schuhberg auf das Seil.

Alle schauten hinauf und warteten gespannt
auf das Kunststück.

„Achtung! Jetzt kommt's!", verkündete Till.
Er zog eine Schere aus der Tasche und schnitt
die Schnur entzwei. 60 linke Schuhe flogen zur
Erde und purzelten übereinander. „Jetzt kann
jeder seinen Schuh suchen!"

Sofort stürzten sich die Leute auf die Schuhe.

„He, das ist meiner!", rief einer.

„Du lügst, das ist meiner!", schrie ein anderer.

Sie fielen übereinander her, zogen sich an den Haaren und schlugen sich. Till Eulenspiegel aber saß auf dem Seil und sah lachend zu, wie sie sich unten um die Schuhe zankten.

Nach diesem Streich drohten ihm die Leute Prügel an und Till durfte sich vier Wochen lang nicht im Dorf sehen lassen. Tag und Nacht blieb er zu Hause bei seiner Mutter. Diese freute sich und meinte, nun sei ihr Sohn endlich vernünftig geworden. Doch da freute sie sich zu früh.

3. Diebe in der Nacht

An einem schönen Herbsttag ging Till mit seiner Mutter ins Nachbardorf zur Kirmes. Dort trank er so viel Bier, dass er schon am Mittag betrunken war. Er stand nur noch auf wackligen Beinen und suchte ein ruhiges Plätzchen, um zu schlafen. Hinter einem Haus sah er ein paar leere Bienenkörbe, kroch in einen hinein und schlief ein. Seine Mutter suchte Till auf dem ganzen Kirmesplatz. Weil sie ihn nicht fand, dachte sie, er sei wieder nach Hause gegangen.

Till schlief bis gegen Mitternacht. Er hätte wohl noch länger geschlafen, wenn er nicht von zwei Stimmen geweckt worden wäre. Zwei Diebe kamen in den Hof geschlichen und wollten in der Dunkelheit einen Bienenkorb stehlen.

21

„Ich habe gehört, der schwerste Bienenkorb sei auch der beste, weil da am meisten Honigwaben drin sind", flüsterte einer.

„Dann lass uns den schwersten Korb suchen", meinte der andere leise.

Also hoben die Diebe einen Korb nach dem anderen hoch. Der Korb, in dem Till lag, war natürlich der schwerste.

„Das ist der beste", sagten sie und trugen ihn leise fort.

„Na, wartet, ihr gemeinen Diebe!", dachte Till. Vorsichtig streckte er die Hand aus dem Korb und zog den Vorderen an den Haaren.

„Bist du verrückt geworden? Warum reißt du mich an den Haaren?", rief der nach hinten zu seinem Freund.

„Spinnst du?", antwortete der Hintere. „Ich trage den Korb mit beiden Händen, wie soll ich dich da an den Haaren ziehen?"

Till grinste und dachte: „Das wird ein lustiges Spiel!" Nach einer Weile zog er den Hinteren kräftig an den Haaren.

„Jetzt reicht's mir aber!", schimpfte der voller Entrüstung. „Erst behauptest du, ich hätte dich

an den Haaren gezogen, und jetzt reißt du mir
meine fast aus!"

„Du lügst!", keifte der Vordere. „Ich muss in
der Dunkelheit auf den Weg achten und kann
gar nicht nach hinten zu deinen Haaren greifen.
Aber ich weiß genau, dass du an meinen gezogen hast."

„Glaub doch, was du willst, du Schwachkopf!"
„Halt dein freches Mundwerk!"

Streitend gingen die beiden weiter, bis Till den Vorderen erneut an den Haaren zog. Der aber wurde so wütend, dass er den Korb fallen ließ und mit beiden Fäusten auf seinen Kameraden einschlug. Sofort ließ auch der Hintere den Korb los und wehrte sich nach Kräften. Sie purzelten übereinander, wälzten sich auf dem Boden und entfernten sich immer weiter von dem Bienenkorb, den sie in der Dunkelheit nicht mehr fanden.

Till blieb aber im Bienenkorb liegen und schlief weiter bis zum nächsten Morgen. Er schaute sich um, wusste jedoch nicht, wo er war. Da ging er einfach der Nase nach und kam irgendwann wieder zu Hause an.

4. Große Kunst

Eines Tages verließ Till seine Mutter, um die Welt kennenzulernen. Auf seiner Wanderung kam er auch nach Hessen. Am Hof in Marburg fragte ihn der Landgraf, was er könne.

„Gnädiger Herr, ich bin ein Maler, wie Ihr weit und breit keinen besseren findet."

27

„So, so", sagte der Landgraf. „Dann lasst uns einmal etwas von Eurer Kunst sehen."

Till zeigte ihm einige Bilder, die er unterwegs von einem holländischen Maler gekauft hatte. Sie gefielen dem Landgrafen sehr und er sprach: „Lieber Meister, was wollt Ihr haben, wenn Ihr die große Wand im Saal mit einem Bild bemalt?"

Till antwortete: „Gnädiger Herr, das wird wohl 400 Gulden kosten."

Das war viel Geld, aber der Landgraf nickte. „Macht uns das nur gut, Meister, dann wollen wir Euch reichlich belohnen."

Till ließ sich 100 Gulden Vorschuss geben, damit er Farben kaufen und drei Gesellen einstellen konnte. Dann verlangte er vom Landgrafen, dass niemand den Saal betreten durfte, damit er und seine Gesellen bei der Arbeit nicht gestört würden. Und so geschah es.

Till sagte den Gesellen, sie brauchten nicht zu arbeiten, würden trotzdem ihren Lohn bekommen und sollten keine Fragen stellen. Sie wunderten sich zwar über das ungewöhnliche Angebot, waren aber sehr zufrieden, fürs Nichtstun bezahlt zu werden. Zusammen mit Till

28

verbrachten sie die meiste Zeit des Tages mit
Brettspielen.

   Nach vier Wochen begegneten sich der Landgraf und Till auf dem Gang vor dem Saal.

   „Ach, lieber Meister", sagte der Landgraf,
„uns verlangt danach, Eure Arbeit zu sehen.

Wir möchten jetzt gleich mit Euch in den Saal gehen und Euer Gemälde betrachten."

Für diesen Augenblick hatte Till sich folgende Antwort überlegt: „Bevor wir hineingehen, muss ich Euer Gnaden noch etwas sagen: Wer kein fürstliches Blut in den Adern hat, kann mein Gemälde nicht sehen."

Der Landgraf sah ihn erstaunt an.

Im Saal hatte Till einen Vorhang vor die große Wand gespannt, die er bemalen sollte. Den zog er nun zur Seite und zeigte mit einem Stock an die Wand. „Hier seht Ihr, gnädiger Herr, Euren Urahn, den ersten Landgrafen von Hessen." Dann lenkte Till den Stock ein wenig nach rechts. „Neben ihm sitzt seine Frau, eine Tochter von Kaiser Justinian. Aus ihrer Ehe ging Adolfus hervor, der zweite Landgraf von Hessen. Den seht Ihr hier." Diesmal wanderte der Stock nach unten.

Der Landgraf sah jedoch nichts von alledem und dachte bei sich: „Und selbst wenn das heißt, dass ich keinen Tropfen fürstliches Blut in den Adern habe, ich erkenne nichts anderes als eine weiße Wand."

Laut aber sprach er: „Lieber Meister, Eure Arbeit gefällt uns sehr." Und damit verließ er den Saal.

Die Landgräfin wartete schon gespannt auf ihren Mann. „Nun, was sagst du zu dem Werk des Malers? Ich habe wenig Vertrauen zu ihm, er sieht aus wie ein Schalk."

„Mir gefällt seine Arbeit durchaus und ich bin zufrieden damit", antwortete der Landgraf.

Da wollte seine Frau das Bild unbedingt selbst sehen. Till sagte ihr das Gleiche wie dem Landgrafen: „Wer kein fürstliches Blut in den Adern hat, kann mein Gemälde nicht sehen."

31

Die Landgräfin ging mit ihren Hofdamen und einer Hofnärrin in den Saal. Till zog wieder den Vorhang zur Seite und präsentierte den Stammbaum der landgräflichen Familie. Wie der Landgraf zuvor, sahen auch die Landgräfin und ihre

Hofdamen nur eine weiße Wand. Doch keine sagte ein Wort.

Plötzlich begann die Hofnärrin zu reden: „Meister, ich sehe kein Gemälde, obwohl mein Großvater ein Baron war."

Till erschrak und dachte: „Jetzt muss ich weg von hier, bevor die anderen mein Spiel durch-schauen."

Die Landgräfin ging zu ihrem Mann und erzählte ihm alles. Da wurde er sehr nachdenklich.

Am nächsten Tag fragte der Landgraf nach
seinem Maler, aber der war samt seinen drei
Gesellen verschwunden. Sofort rief der Landgraf
alle Leute auf seiner Burg in den Saal und
fragte, ob jemand ein Gemälde sehen könne.
Alle schüttelten den Kopf.

„Nun erkenne ich, dass wir betrogen worden
sind", sagte der Landgraf grimmig. „Und das war
bestimmt Till Eulenspiegel. Dieser Schalk darf
unser Land in Zukunft nicht mehr betreten!"

5. Das geborgte Pfand

Nachdem er Hessen verlassen hatte, wanderte Till weiter und kam auch nach Quedlinburg, einer kleinen Stadt zwischen Göttingen und Magdeburg.

Dort war gerade Wochenmarkt und Till hatte großen Hunger, aber seine Taschen waren leer. Er überlegte, wie er etwas zu essen bekommen könnte. Da sah er eine Bäuerin, die einen Korb voll guter Hühner samt einem Hahn verkaufen wollte.

„Was sollen denn die Hühner kosten, gute Frau?", erkundigte sich Till.

„Einen Groschen das Stück."

„So viel?", fragte Till. „Da muss ich erst meine Herrin fragen, ob ich sie kaufen soll." Er nahm den Korb und ging in Richtung Burgtor davon.

„He, was soll das?", rief die Bäuerin. „Willst du die Hühner nicht bezahlen?"

„Natürlich", antwortete Till. „Ich bin der Schreiber der Äbtissin und …"

„Was du bist, ist mir egal", sagte die Bäuerin. „Und mit deiner Äbtissin will ich nichts zu tun haben. Mein Vater hat mich nämlich gelehrt, denen nichts zu verkaufen und schon gar nichts zu borgen, vor denen man sich verneigen muss. Also bezahl mir meine Hühner oder gib sie wieder her!"

„Gute Frau,
seid doch nicht
so misstrauisch",
versuchte Till sie
zu beschwichtigen.
„Als Händlerin
müsst Ihr schon ein
wenig Vertrauen zu
Euren Kunden haben.
Ich traue Euch ja auch
und glaube nicht, dass
Ihr mir kranke Hühner
verkaufen wollt."

Die Bäuerin wusste nicht, was sie dazu noch sagen sollte.

„Damit Ihr sicher seid, dass Ihr Euer Geld bekommt", fuhr Till fort, „lasse ich Euch den Hahn als Pfand hier, bis ich das Geld und den Korb bringe."

Das hielt die Bäuerin für ein anständiges Angebot und war einverstanden. Sie nahm ihren eigenen Hahn als Pfand und wartete an ihrem Platz auf Till. Doch der ließ sich weder mit dem Geld noch den Hühnern wieder blicken. Die Bäuerin aber wurde zornig und schimpfte mit dem Hahn, der sie um die Hühner gebracht hatte.

6. Die Flugstunde

Eines Tages kam Till nach Magdeburg. Dort hatte sich inzwischen schon herumgesprochen, was für ein Schalk er war. Man erzählte sich von seinen Streichen und lachte über die Leicht-gläubigkeit und die Dummheit der Leute anders-wo. Auch von tollen Kunststücken, die er überall gezeigt hatte, wurde viel geredet. Und je mehr die Menschen in Magdeburg über ihn hörten, desto neugieriger wurden sie. Schließlich baten ihn die angesehensten Bürger, auch in ihrer Stadt ein Kunststück vorzuführen.

Till überlegte eine Weile, bevor er antwortete: „Weil ihr mich so sehr darum bittet, werde ich etwas ganz Besonderes, ja, etwas Einmaliges machen: Ich werde aufs Rathaus steigen und vom Turm herabfliegen."

Das sprach sich wie ein Lauffeuer in der Stadt herum. Jung und Alt versammelten sich auf dem Rathausplatz, um zu sehen, wie Till flog.

Der kletterte auf den Turm und machte sich bereit. Zuerst bewegte er die Arme noch langsam, dann schneller, immer schneller. Die Leute rissen Augen und Münder auf. Sie glaubten tatsächlich, Till würde gleich abheben und über den Rathausplatz fliegen.

Da stoppte Till seine Bewegungen und begann zu lachen. „Ich dachte bisher, in der Welt gäbe es keine Narren und Toren außer mir. Nun aber sehe ich, dass diese ganze Stadt voller Narren ist."

Unten fingen die Leute an zu tuscheln.

„Wenn ihr mir alle gesagt hättet, dass ihr fliegen könnt", redete Till weiter, „ich hätte keinem von euch geglaubt. Aber ihr glaubt mir, einem Narren. Wie sollte ich denn fliegen können? Ich bin weder eine Gans noch ein Vogel. Ich habe auch keine Flügel, wie ihr selbst seht. Und ohne Flügel kann niemand fliegen, nicht einmal ein Narr wie ich."

Damit stieg Eulenspiegel vom Turm und ließ die Leute stehen.

Manche schimpften und fluchten hinter ihm her, andere lachten.

„Wir hätten es besser wissen müssen", sagte einer, „auch ein Schalk wie Till Eulenspiegel kann nicht fliegen. Aber er kann uns zeigen, dass wir nicht so leichtgläubig sein sollten."

7. Narrengebäck

Als Till wieder einmal nach Braunschweig kam, übernachtete er in einer Herberge. Gleich daneben gab es eine Bäckerei, aus der es so köstlich duftete, dass Till am Morgen schnuppernd vor der Tür stehen blieb.

Der Bäckermeister kam heraus und fragte ihn: „Was bist denn du für ein komischer Geselle?"

„Ich bin ein Bäckergeselle", antwortete Till sofort.

„Das trifft sich gut", bemerkte der Bäcker. „Ich habe zurzeit keinen Gesellen. Willst du bei mir arbeiten?"

Till dachte an das frische Brot, den Kuchen und die Torten und erwiderte: „Gern."

Er ging dem Bäckermeister zur Hand und am dritten Tag meinte der: „Mir geht es nicht so gut, heute Nacht musst du mal allein backen."

„Das kann ich tun, aber was soll ich denn backen?", erkundigte sich Till.

Der Bäcker starrte ihn an, als habe er nicht richtig gehört. „Du willst ein Bäckergeselle sein und fragst, was du backen sollst?" Er schüttelte den Kopf und sagte spöttisch: „Was backt man denn normalerweise? Eulen und Meerkatzen!"

Damit ging er aus der Backstube und legte sich ins Bett.

Till wunderte sich zwar über den Auftrag, machte sich aber sogleich an die Arbeit. Er rührte den Teig an, formte daraus Eulen und Meerkatzen und schob sie in den Backofen.

Als der Meister am nächsten Morgen kam, fand er weder Brot noch Brötchen oder Kuchen, sondern nur Eulen und Meerkatzen – die ganze Backstube voll. Da wurde er zornig und rief: „Ja, bist du denn verrückt geworden? Was hast du da gebacken?"

„Eulen und Meerkatzen, genau wie Ihr es verlangt habt", antwortete Till.

Der Meister packte ihn am Kragen, schüttelte
ihn gewaltig und schrie: „Was soll ich mit dem

Narrenzeug? Das kann ich doch nicht verkaufen!
Bezahl mir sofort meinen Teig!"

„Wenn ich den Teig bezahle, gehört mir dann,
was ich davon gebacken habe?", fragte Till.

„Verschwinde damit!", brummte der Bäcker.
„Ich kann weder dich noch deine Eulen und
Meerkatzen gebrauchen."

Also bezahlte Till den Teig, trug die Eulen und
Meerkatzen aus dem Haus – und wusste auch
schon, wohin damit. Weil Nikolaustag war, stellte
er sich auf den Kirchplatz und rief: „Hier gibt's
das besondere Braunschweiger Gebäck zum
Nikolaus: frische Eulen und Meerkatzen! Die
bekommt ihr nur hier und nur von mir!"

Zuerst zögerten die Leute, doch nach und
nach griffen sie zu. Schon nach einer halben

Stunde hatte Till sämtliche Eulen und Meerkatzen verkauft und viel mehr Geld einge-
nommen, als er für den Teig bezahlt hatte.

Jemand erzählte dem Bäckermeister davon.
Der ärgerte sich grün und blau, schloss rasch
seinen Laden, lief zum Kirchplatz und wollte von
Till noch Geld für das Holz und das Backen ver-
langen. Doch Till war mit dem Beutel voller Geld
schon verschwunden und der Bäckermeister
stand wie ein begossener Pudel vor der Kirche.

8. Gelehrte Esel

Till wanderte weiter durch die Lande und kam
bis nach Prag, wo er sich als großer Gelehrter
ausgab, der auch die schwersten Fragen be-
antworten könne.

„Wie viele Liter Wasser sind im
Meer?", fragte ihn ein Professor.

„Das kann ich genau
messen", antwortete Till.
„Aber zuvor müsst Ihr das
Wasser der Flüsse
aufhalten, da-
mit es nicht von
allen Seiten ins
Meer fließt und mir
das genaue Messen
unmöglich macht."

Der Professor konnte
die Flüsse natürlich
nicht aufhalten und
ärgerte sich über
die Antwort.

„Wo ist der Mittelpunkt der Welt?", wollte ein anderer Professor wissen.

„Hier, genau an dieser Stelle", erklärte Till. „Wenn Ihr von hier nach beiden Seiten mit einer Schnur nachmessen lasst, werdet Ihr sehen, dass beide Strecken gleich lang sind."

Mit solchen Antworten brachte Till die Professoren in Prag fast zur Verzweiflung. Deshalb waren sie froh und erleichtert, als er ihre Stadt wieder verließ.

Von Prag zog Till nach Erfurt, wo es ebenfalls eine berühmte Universität gab. Dort hatten die Professoren schon gehört, wie Till ihre Prager Kollegen genarrt hatte. Das sollte ihnen nicht passieren. Im Gegenteil, sie wollten dem Schlitz-ohr eine Lehre erteilen. Dazu baten sie Till in den Hof der Universität.

„Ihr behauptet, dass Ihr jedem das Lesen und Schreiben beibringen könnt", begann der Rektor.

„Das stimmt", bekräftigte Till.

„Wir haben einen jungen Esel hier", fuhr der Rektor fort. „Traut Ihr Euch zu, es auch ihn zu lehren?"

„Natürlich", antwortete Till. „Aber so ein Esel ist ziemlich dumm, deswegen brauche ich besonders viel Zeit."

„Wie viel?"

„Vielleicht 20 Jahre, vielleicht sogar noch mehr", schätzte Till.

„Also gut", brummte der Rektor, „20 Jahre, aber keinen Tag länger!"

„Wenn ich den Esel unterrichte, steht mir auch ein Lohn zu", meinte Till.

Auch damit war der Rektor einverstanden und gab ihm gleich einen Vorschuss.

Zufrieden nahm Till den Esel mit und stellte ihn in den Stall des Gasthauses „Zum Turm", wo er selbst ein Zimmer gemietet hatte. Dann besorgte er sich ein altes Buch, streute Hafer zwischen die Seiten und legte es dem Esel vor

die Nase. Um an
die Haferkörner zu
kommen, blätterte
der Esel die Seiten
mit dem Maul um.
Wenn er kein
Körnchen mehr fand,
rief er laut:
„I-A, I-A!"

53

Das gefiel Till und er wiederholte das Spiel noch mehrmals. Gleich am nächsten Tag ging er zum Rektor und sagte: „Kommen Sie doch bitte mit in den Stall, um zu sehen, was mein Schüler macht."

„Hat er denn schon etwas gelernt?", fragte der Rektor überrascht.

„Er ist zwar ein ganz besonders dummes Exemplar, aber zwei Buchstaben kennt er schon", antwortete Till.

„Erstaunlich", murmelte der Rektor, „wirklich erstaunlich."

Am Nachmittag ging er mit einigen Professoren zum Stall. Till erwartete sie schon. Er hatte dem Esel den ganzen Tag nichts zu fressen gegeben und legte ihm nun ein Abc-Buch vors Maul. Der Esel blätterte die Seiten um und suchte den Hafer, aber diesmal hatte Till keinen ins Buch gelegt.

„I-A, I-A, I-A!", schrie der Esel laut.

„Haben Sie gehört?", fragte Till. „Die Buch-staben I und A kann er schon. Und so werde ich ihm auch die anderen Buchstaben beibringen, bis er das ganze Alphabet beherrscht."

Der Rektor und die Professoren verließen wütend den Stall.

Bald danach starb der Rektor. Da ließ Till den Esel frei und zog mit dem erhaltenen Geld weiter. „Wenn ich alle Esel in Erfurt klug machen wollte, würde es länger als 20 Jahre dauern", dachte er unterwegs. „Und so viel Zeit ist mir das nicht wert."

9. Der Klang des Geldes

Till machte sich wieder auf den Weg und kam irgendwann nach Köln, wo er in einem Gasthaus zu Mittag essen wollte. Doch der Wirt brachte das Essen ewig nicht auf den Tisch, was Till sehr verdross. Das merkte der Wirt und sagte zu ihm: „Wer nicht warten kann, bis das Mahl zubereitet ist, der muss essen, was er hat."

Till brummte etwas vor sich hin, griff in seine Tasche und holte eine trockene Semmel heraus. „Dann esse ich eben die."

Als er die Semmel hinuntergewürgt hatte, ging Till in die Küche und beträufelte den Braten, bis er gar war.

Punkt zwölf holte der Wirt den Braten und stellte ihn auf den Tisch. Till blieb in der Küche sitzen.

56

„He, Eulenspiegel!", rief der Wirt. „Willst du nicht mit am Tisch sitzen?"

„Nein", antwortete Till, „ich mag jetzt nichts mehr essen. Ich bin durch den Geruch des Bratens satt geworden."

„Auch recht", murmelte der Wirt.

Als die Gäste gegessen hatten, bezahlten alle ihre Zeche. Zuletzt wollte der Wirt auch bei Till kassieren.

„Warum soll ich etwas bezahlen?", fragte Till. „Ich habe doch nichts gegessen und nichts getrunken."

„Aber du hast vorhin selbst gesagt, du seist von dem Geruch des Bratens satt geworden", ließ der Wirt nicht locker. „Ob gegessen oder gerochen, du bist von meinem Braten satt geworden, also musst du auch dafür bezahlen."

„Aha", sagte Till zu sich. „Du willst mich rein-legen. Na, warte!"

Er zog ein Geldstück aus seiner Hosentasche und warf es auf den Tisch. „Hörst du diesen Klang?"

„Natürlich", antwortete der Wirt, „den höre ich gern. Aber warum fragst du mich das?"

Till schnappte sich das Geldstück und ver-
schloss es in seiner Hand. „Ich habe den Geruch
von deinem Braten im Bauch, du hast dafür den
Klang meines Geldes im Ohr. Damit sind wir
quitt."

Die anderen Gäste lachten.

Der Wirt aber machte gute Miene zum bösen Spiel. Er musste zugeben, dass er in Till seinen Meister gefunden hatte.

10. Ein kleines Reich

Inzwischen war Till Eulenspiegel in allen deutschen Landen und weit darüber hinaus bekannt. Manche Leute freuten sich, wenn er in ihre Stadt kam, andere fürchteten seine Streiche. So auch der Herzog von Lüneburg, der ihm verboten hatte, sein Land jemals wieder zu betreten. Aber Till hatte Freunde im Lüneburger Land und wollte sie wieder einmal besuchen.

Mit einem Pferd und einem zweirädrigen Karren war er auf dem Weg nach Celle. Unterwegs traf er einen Bauern, mit dem er ein Weilchen plauderte.

„Irre ich mich oder bist du tatsächlich Till Eulenspiegel?"

„Du irrst dich nicht."

„Und du wagst dich in unser Land?" Der Bauer konnte es nicht fassen. „Wenn dich der Herzog erwischt, lässt er dich einsperren oder gleich aufhängen."

„Abwarten", sagte Till nur.

„Kehr um, wenn dir dein Leben lieb ist", riet ihm der Bauer. „Noch kannst du es."

„Ich will aber nicht!" Till überlegte. „Wem gehört dieser Acker?"

„Mir, ich habe ihn geerbt", antwortete der Bauer. „Aber warum …"

„Was verlangst du für einen Karren voll Erde?"

„Einen Schilling. Aber wozu …"

Till gab ihm das Geld und sagte: „Frag nicht so viel, hilf mir lieber, meinen Karren vollzu-laden!"

Sie füllten den Karren mit Erde, dann setzte sich Till hinein, dass nur noch der Kopf heraus-schaute. So fuhr er vor die Burg von Celle.

Als der Herzog vorbeigeritten kam, fiel ihm der Kopf im Pferdekarren auf.

„Das ist doch …" Er stoppte sein Pferd und schaute Till an. „Eulenspiegel! Habe ich dir nicht gesagt, dass ich dich hängen lasse, wenn du es wagst, mein Land noch einmal zu betreten?"

„Gnädiger Herr, ich habe Euer Land nicht betreten", entgegnete Till. „Ich sitze in meinem eigenen Land. Ich habe es für einen Schilling von einem Bauern gekauft. Den könnt Ihr gern fragen, ob ich die Wahrheit sage."

Der Herzog schüttelte den Kopf und konnte sich ein Schmunzeln nicht verkneifen. „Du bist und bleibst ein Schalk, Till Eulenspiegel. Fahr also weiter in deinem Erdreich, aber fahr sofort aus meinem Reich und lass dich nie wieder sehen, damit ich endlich Ruhe vor dir habe!"

Till verließ Lüneburg, aber Ruhe hatte der Herzog keineswegs für alle Zeiten, denn vor den

Streichen des Mannes mit der Schellenkappe
war niemand sicher, kein Handwerker und kein
Bürgermeister, kein Graf und kein Herzog, ja
nicht einmal der König. Und weil Till Eulenspiegel am liebsten die Reichen und Mächtigen
an der Nase herumgeführt hat, ist er bis heute
im Volk sehr beliebt.